Series created by O. Kuzovkov. Art Director: I. Trusov.

Loi n° 49-956 du 16 juillet 1949 sur les publications destinées à la jeunesse.
Dépôt légal : juillet 2020. Édition 01. Rédaction : Natacha Godeau. Maquette : Élodie Marty.
Achevé d'imprimer en juillet 2020 en France par Pollina - 94032.

PAPIER À BASE DE FIBRES CERTIFIÉES

hachette s'engage pour l'environnement en réduisant l'empreinte carbone de ses livres. Celle de cet exemplaire est de : 400 g éq.a CO_2
Rendez-vous sur www.hachette-durable.fr

Masha et Michka™

PETITES HISTOIRES, GRANDS MENSONGES

hachette
JEUNESSE

Aujourd'hui, Michka a un grand projet. Il part en expédition à l'autre bout de la forêt ! Il veut trouver la clairière où a été peint son tableau préféré…
Pour peindre lui aussi un beau tableau dans le même décor !

ET HOP ! L'ours brun trace son chemin sur la carte lorsque…

HI ! HI ! HI !

Masha entre en courant dans la cabane !

– Tu t'en vas à l'aventure ? demande-t-elle à son ami.

Soudain, elle aperçoit le panda et ajoute :

– Oh non, c'est moi qui t'accompagne, Michka, pas ton cousin !

Bien sûr, le panda n'est pas d'accord pour laisser sa place.

GRR ! proteste-t-il avec colère. Il montre sa casquette d'explorateur professionnel à Masha.

– Moi, j'ai une casquette de super exploratrice ! prétend alors la fillette.

Le panda hausse les épaules.

VOYONS,

Masha, une casquette,
cela ne suffit pas !
Pour partir en expédition,
il faut être capable de
porter un énorme sac
à dos plein de matériel
et de provisions !

– Moi, je suis la fille
la plus **FORTE**
de l'univers ! dit
encore la coquine.

GRR ! Michka s'impatiente.
Il déteste les disputes… En plus, le temps presse, il est l'heure de se mettre en route !

ET ZOU ! Il fait signe à Masha et au panda de l'accompagner tous les deux… chacun avec son propre sac à dos !

Vite, Masha et le panda remplissent leur sac de matériel et de provisions.

OH HISSE !

Ils en mettent exprès beaucoup pour avoir le sac le plus lourd !

En chemin, Masha n'arrête pas de se

VANTER...

– Moi, je ne me fatigue jamais ! J'ai même fait le tour du monde sans m'arrêter !

Le panda ne croit pas Masha. Il est sûr qu'elle est en train de **MENTIR !**

Et puis, de toute façon, lui, il est capable de faire le tour du monde à cloche-patte !

La fillette grimace d'un air moqueur.

– Moi, je peux faire le tour du monde en roulant sur la tête ! invente-t-elle.

Grrr ! se fâche le panda.
Il déteste qu'on lui raconte n'importe quoi !

HI ! HI ! HI !

Masha s'amuse bien. Elle adore inventer des histoires !

Soudain, elle commence à trouver son sac trop lourd à porter.
Mais pas de panique, la coquine a un plan :

– AÏE !

J'ai un caillou dans la chaussure, je dois l'enlever ! s'exclame-t-elle.

Masha s'immobilise sur le chemin forestier.
Bien sûr, elle n'a pas de caillou dans la chaussure.
La coquine fait juste semblant
pour pouvoir vider son sac en cachette
et le remplir de ballons de baudruche
hyper légers à la place !
Oh, voyons, Masha : tu triches !
Mais ça alors : le panda a
exactement la même idée !
Quel tricheur, lui aussi !

ENFIN, Masha, Michka et le panda arrivent près de la clairière qu'ils cherchaient. L'ours brun décide donc de s'arrêter pour installer leur campement. Il construit un abri de feuillage. Masha secoue la tête, contrariée.

– Moi, je sais fabriquer de vraies pyramides ! C'est moi qui ai dessiné celles qu'on trouve en Égypte ! ment-elle.

Le panda est mécontent. Masha exagère de plus en plus ! Ça commence à bien faire ! Alors, il mime la Tour Eiffel, soi-disant qu'il l'a bâtie lui-même. Masha pose les poings sur les hanches.

– *Moi, j'ai fait* **MILLE FOIS** mieux que cela ! affirme-t-elle.

Grr ! cette fois, Michka les interrompt.

Finies les chamailleries, il a hâte d'aller peindre son tableau !

ET HOP ! Le petit groupe se rend joyeusement à la clairière voisine. Bravo, Masha ! Bravo, panda ! Vous prenez parfaitement la pose !

Michka sourit enfin. Il est satisfait de ses modèles !
L'ours brun peint avec entrain.
Bientôt, son tableau est presque prêt.
OUF ! Il a réussi exactement
ce qu'il voulait !
Pendant qu'il termine, cependant,
Masha parle sans cesse au panda…

– Moi, j'ai posé comme modèle pour le tableau de *La Joconde* ! prétend-elle.

Le panda imite alors la position d'une célèbre statue grecque : c'est sur lui que s'est inspiré le sculpteur.

HI ! HI ! HI ! Masha éclate de rire.

Ces deux œuvres d'art ont des centaines d'années !

OH LÀ LÀ ! À force de vous vanter, tous les deux, vous racontez de plus en plus n'importe quoi !

Masha change brusquement de pose.
– Moi, je suis une merveilleuse source d'inspiration pour les peintres ! crâne-t-elle.
Graour ! le panda aussi, veut changer de pose.
ET HOP ! Voici que les deux modèles se mettent à bouger dans tous les sens !

GRR ! Michka est furieux ! Impossible de finir son tableau dans ces conditions ! Puisque c'est ainsi, il renvoie les deux désobéissants et décide de poser lui-même !

ZOU ! Il fonce poser devant le chevalet. Puis… Zou ! Il revient peindre sa toile !

AH ! Michka avance bien. Il a presque terminé son chef-d'œuvre !
Mais Masha et le panda meurent de faim et viennent encore le déranger.
L'ours brun pose alors ses pinceaux et le petit groupe regagne le campement pour déjeuner.
Heureusement qu'il y a les deux gros sacs à dos pleins de provisions !

Michka ouvre les sacs à dos pour choisir de quoi manger et… Oh non ! Il n'y a que des ballons de baudruche à l'intérieur ! **VOUSH !** Les ballons s'envolent. Floush ! Les sacs se dégonflent. Masha et le panda ont tellement honte d'avoir triché !

Maintenant, il n'y a plus de nourriture pour le repas…
Ouin ! Masha et le panda ont de plus en plus faim !
Par chance, Michka est un spécialiste de la forêt.
VITE, VITE ! Il fonce cueillir
de délicieux champignons avant de retourner
à son tableau.

MIAM,

les bonnes brochettes
qui grillent sur le feu de camp !
Masha et le panda sont ravis.
Ils vont se régaler !
– Moi, je suis la meilleure
cuisinière de la région ! invente
soudain Masha.
Sauf qu'elle oublie de surveiller
le feu et catastrophe ! les brochettes
s'enflamment !

Les deux garnements paniquent.
Attention aux arbres alentour,
il va y avoir un incendie !

ET ZOU ! ils filent remplir leurs casquettes d'eau à la rivière pour éteindre les flammes.

– Moi, j'ai l'habitude de combattre les feux de forêt ! dit la fillette.

OH, VOYONS, Masha, ce n'est pas le moment d'inventer des histoires ! D'ailleurs, le panda est inquiet. Michka sera sûrement très, très, très fâché !

– Moi, je n'ai pas peur que Michka me gronde, pouffe Masha. C'est Michka, qui a peur de moi !

OH LÀ LÀ ! Elle ne s'était pas rendu compte que Michka était juste derrière elle ! Il a tout entendu !
Et pour punir Masha et le panda d'avoir fait autant de bêtises aujourd'hui, il les oblige à ramasser toutes les provisions qu'ils ont laissées en chemin pour vider leurs sacs à dos !

– **PFF !** Mon sac est trop lourd pour moi, maintenant ! gémit alors Masha. C'est promis, je ne mentirai plus jamais.
Puis, la coquine réfléchit un instant et ajoute :
– Mais il faut quand même que je vous raconte mon voyage sur la Lune…